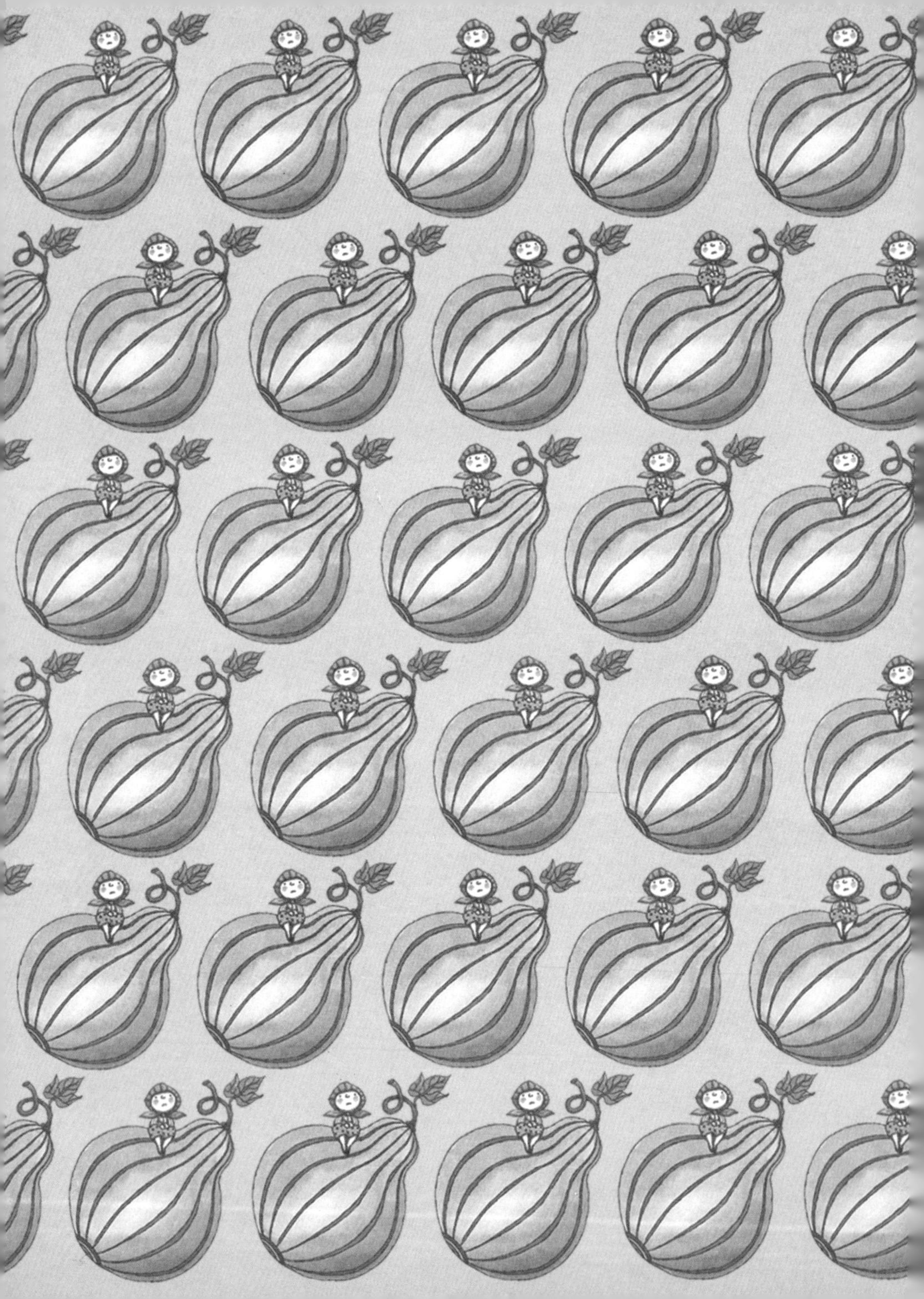

为什么这两页
叫做"蝴蝶页"？

你再问我为什么，
妈妈就揍你！
为什么？

献给
对世界充满疑问的
大人与小孩

（不要问我为什么？）

布瓜的世界

Pourquoi

幾米作品

我们有同样的疑惑，但是为什么大家的"为什么"，听起来如此不同呢？

管他的，
听不懂也好，
说不定
越沟通误会反而越多。

为什么要有"目录"？

为什么有人要看"目录"？

布瓜

这本书为什么叫布瓜（Pourquoi）？
为什么好好的中文不用要用法文？
听起来很像一种不太甜的水果，
为什么不干脆翻译成"薄荷蛙"？

这是个"为什么"的世界，
但是，
为什么我每次问"为什么"？
你总是不耐烦地大叫：
"不要再问为什么了！"

为什么我总是刚好问到
最不喜欢回答为什么的人？

布瓜是法文"Pourquoi"为什么的音译。

这是个没有
答案的世界吗？
汪汪！汪！汪汪汪！
喵………
喵喵！喵喵………

三分钟国王

为什么猫会抓老鼠，
狗会看门？
它们为什么
不能当
国王？
谁才可以当
真正的国王呢？
为什么很棒的人，
总喜欢站在世界
的顶端？
他们可以
霸占那个位置
很久吗？
我和猫咪决定作自
己的国王，
每人轮流三分钟。

为什么狗在屋外看门，
猫却在屋内撒娇？
最奇妙的是，它们为什么会走进人类的家？
它们都是自己的国王。

难过的快乐

我常常感到难过。
你了解
我在说什么吗?
其实并没有真正
发生什么大事,
只是想到:
但我不懂,为什么
觉得"难过",
就等于不快乐呢?
为什么不能再像小时
候一样,每天都
觉得很快乐?
"难过"也可以是
一种快乐呀!
为什么现在我
必须假装快乐?
嘿嘿嘿,我真的很
"难过",
我真的很快乐。
偏偏
我又不想说谎。

为什么
我们不能
又快乐又难过，
又善良又邪恶，
又青春又苍老，
又孤僻又合群，
又愚蠢又聪明，
又懦弱又勇敢，
又风骚又端庄……

为什么
我不能
又上天堂
又下地狱呢？
为什么
我永远找不到
通往天堂的
秘密小路？

我不懂

为什么
鸟没有四只脚?

为什么
鱼没有耳朵?

世界上有
青蛙公主吗?
她也需要
一个吻吗?

大象喜欢什么?

讨厌什么?

老鼠的早餐也有
鸡蛋和牛奶吗?

我有好多好多的
疑惑！为什么你
们什么都不懂,
却不再问
为什么?

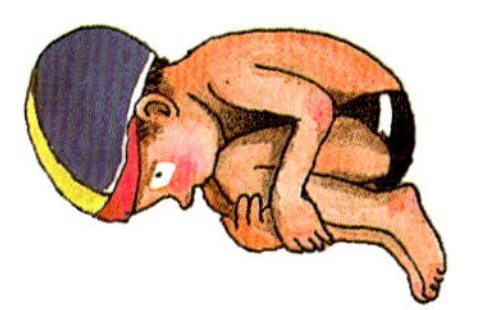

为什么不可以天天过生日？

为什么小孩一定要上学？

为什么表哥家有一座游泳池？

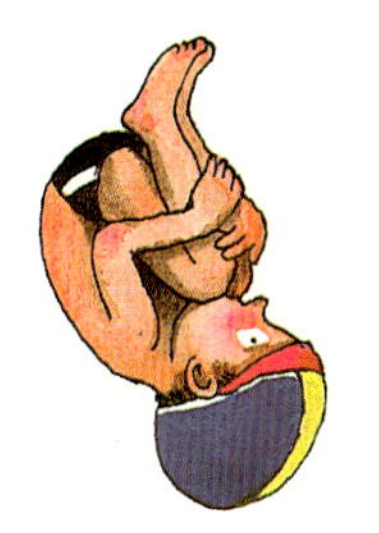

为什么我的人生有那多为什么？

为什么没人了解真正的我？

为什么不可以天天过生日？

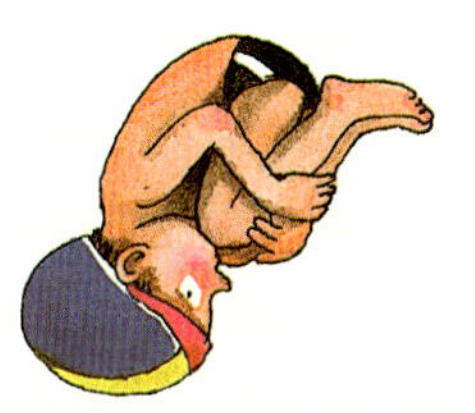

为什么小孩一定要上学？

为什么表哥家有一座游泳池？

为什么我的人生有那多为什么？

谁的烦恼

为什么
我永远弄不清方向，
该到这里还是去那里？
也没有办法及时判断，
究竟要全力冲刺，
还是紧急煞车。
唉，我的脑袋太简单，
人生地图却太复杂。

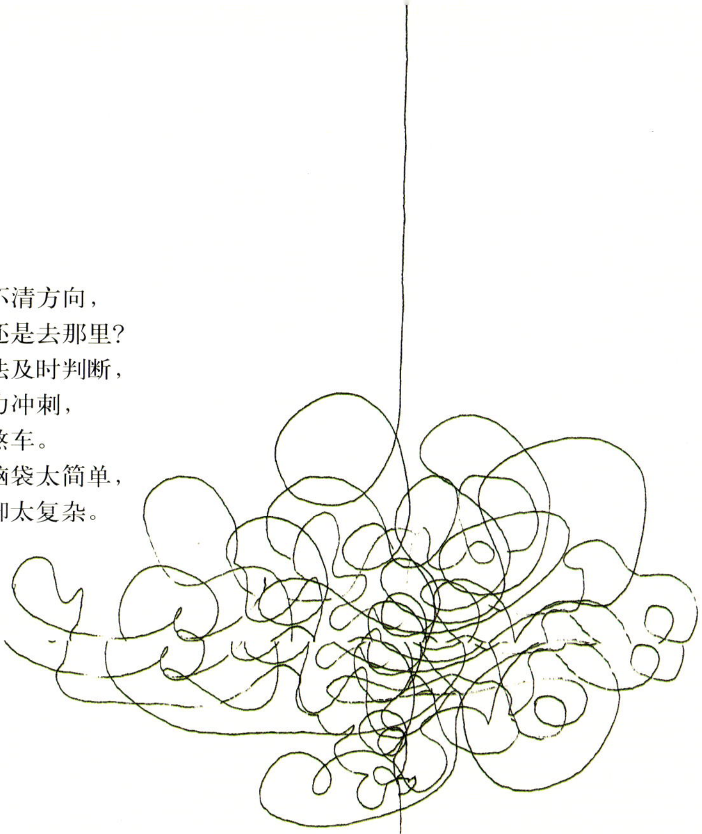

蜘蛛的脑袋只有一点点，
为什么却可以织出
坚强美丽的网？

无尽的唉

为什么
爱会让人……
→
失去理智
敏感落泪
怒火攻心
不断祈求
恍恍惚惚
幼稚无能
时时猜疑
幸福甜蜜
自哀自苦
沮丧忧郁
陷入幻想
孤僻自闭
得意忘形
惹人厌烦
装腔作势
无病呻吟
忌妒小气
心事重重
……唉?
爱!

丢进海里的瓶中信，
总是失去踪影。
是被鲸鱼吃掉了吗？
还是又飘到另一个
无人的岛屿？

这种随波逐流的缘分，
除了青春浪漫的孩子，
又有谁会相信呢？

天定胜人

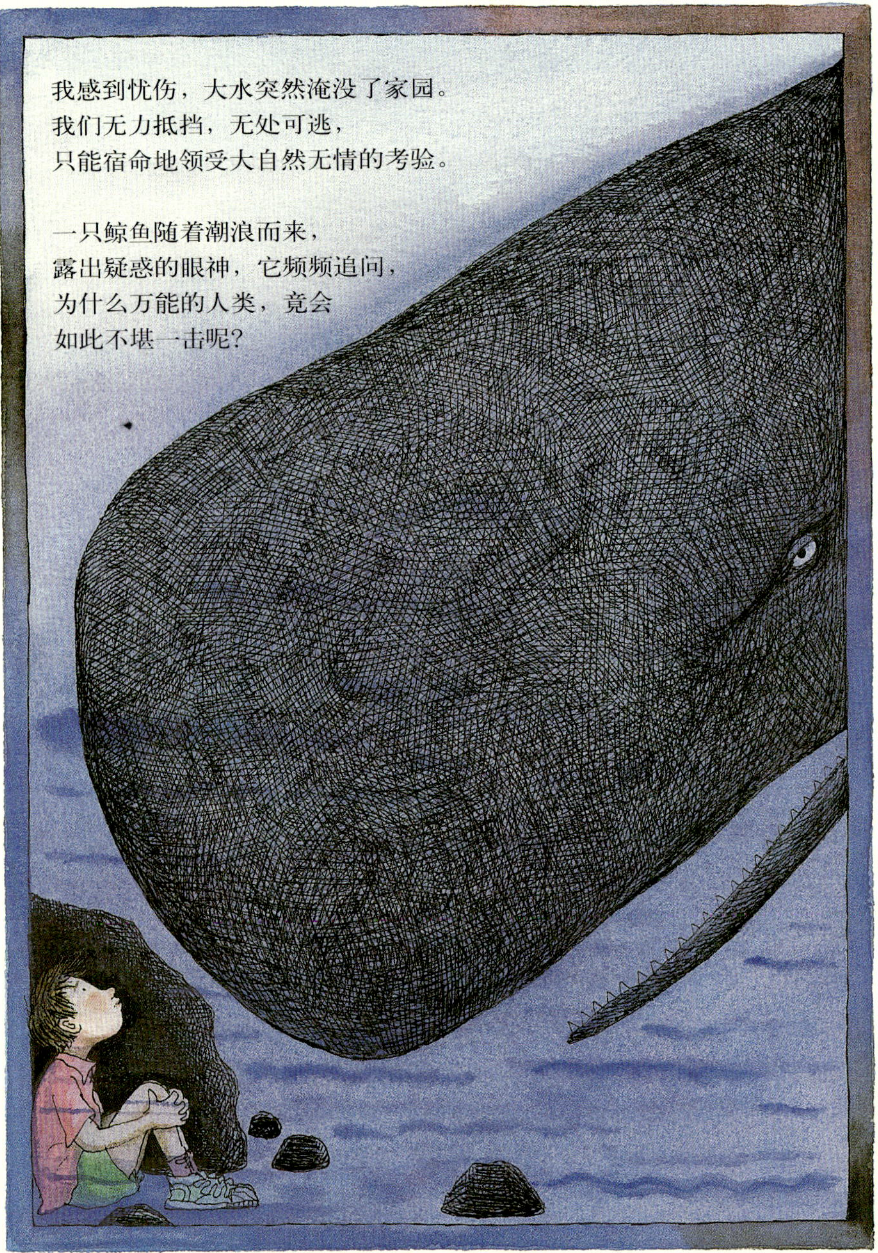

我感到忧伤，大水突然淹没了家园。
我们无力抵挡，无处可逃，
只能宿命地领受大自然无情的考验。

一只鲸鱼随着潮浪而来，
露出疑惑的眼神，它频频追问，
为什么万能的人类，竟会
如此不堪一击呢？

鲸鱼没有房子、车子、纪念品、家具、存款、股票……
乌龟也是，鳄鱼也是……
大雨过后，它们摇一摇尾巴，轻松地潜入水里。

而我却有一箱箱无法割舍的心爱玩具，
一样也舍不得丢弃！

有人无法看见美景。
有人无法听见声音。
有人无法唱歌、无法倾诉。
有人闻不到花香。
有人不能四处跑动。
有人没脚穿鞋。
为什么我还要不停抱怨，不能像小鸟一样，飞入云端玩耍。

为什么？
总有人在音乐会里咳嗽，
画家无法解释他不断被人讨论的画，
作家现身后总是让人大失所望，
我总是在艺术电影院里，
不知不觉地睡着了！

恋物

为什么大家总是
在睡不着时数羊？一二三四五六七……
为什么长大后的生日蛋糕没有小时候的好吃？
为什么我家没有魔衣橱？
没有魔法的童年，
一切都不算数。

噩梦

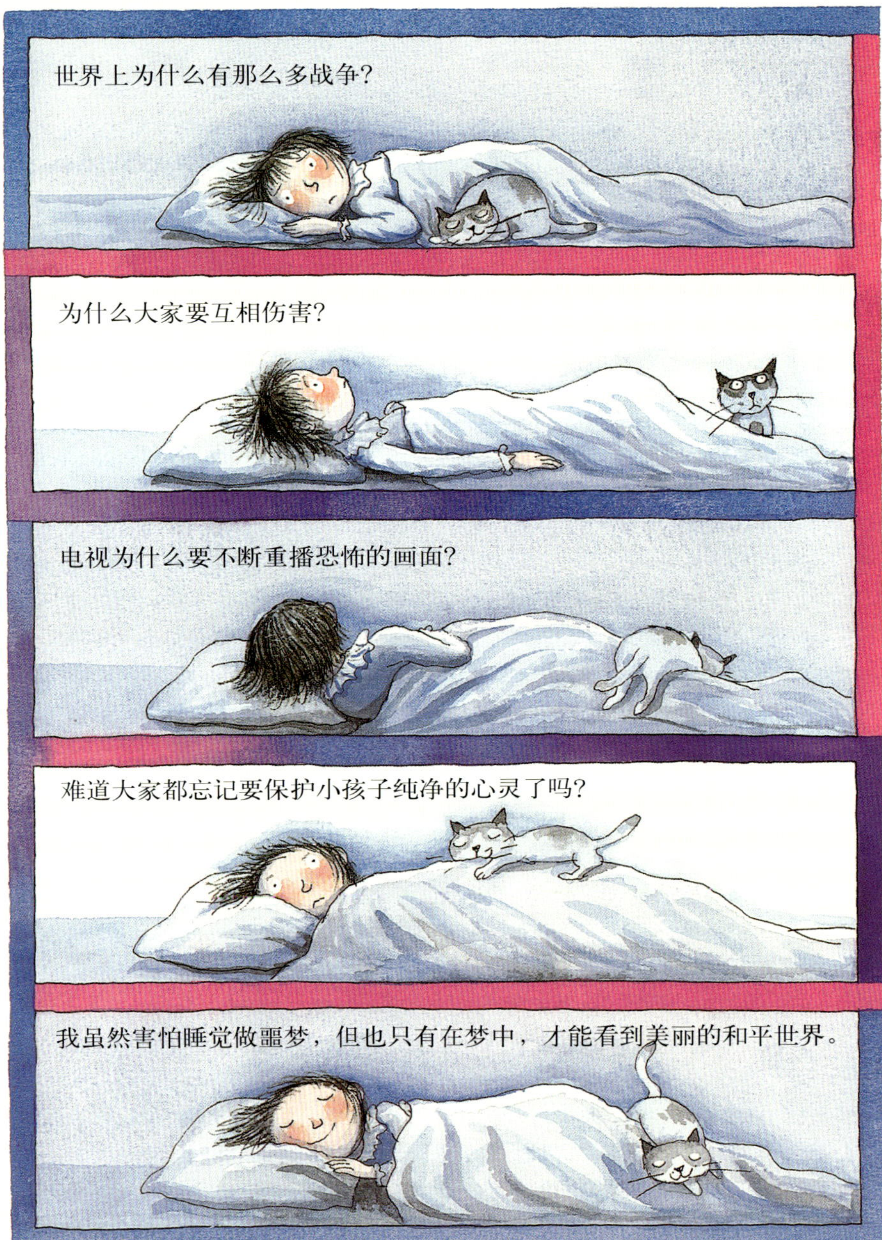
世界上为什么有那么多战争？
为什么大家要互相伤害？
电视为什么要不断重播恐怖的画面？
难道大家都忘记要保护小孩子纯净的心灵了吗？
我虽然害怕睡觉做噩梦，但也只有在梦中，才能看到美丽的和平世界。

为什么
非要等睡着了，
才能开始做梦？

岁月

有时
一分钟很长，
有时
却又很短。
有时我可以
了解这世界，
有时
却一点也不懂。
爱你时
一切美好，
怨你时
人生灰暗。
为何
欢乐过后
只剩下
一片悲凉？

星星每晚都被迫聆听，
成千上万无助人类
自私又自怜的许愿。
它们怎么会这么倒霉？
感谢上帝，我不是星星，
而且我也要许愿。

人生哲理

"唯一的答案是没有答案！
没有答案也是一种答案。

唯一的理由是没有理由！
没有理由也是一种理由。

唯一的问题是没有问题！
没有问题也是一种问题。"

小猫咪你听见了吗？
楼上的大人，又在说人生大道理了。

再怎么伟大的道理，
说多了也会变成
陈腔滥调……

失落的一角

不管人生有没有缺角，
欢笑的脸总是令人愉快，
而哀愁的脸却令人忧伤。

独一无二

我妹妹跟我长得像。
（但它不会跳舞）

我姐姐也跟我长得像。
（但它不会写诗）

我们一家人刚好
都长得像。
（但它们都没有
我人缘好）

虽然我们外表看起来好像一个样，
但我们都是世界上
独一无二的猪。

（可是，真的只有我会脱口秀）

所以别担心，
你也会是世界上独一无二的人。
（但你肯定没我强）

为什么？
有时想当全世界独一无二的猪。
有时又只想当平凡无奇的人。

什么才是真正的我呢？

布瓜 的初始

四千七百万年前，
某个春暖花开的快乐早晨，
全世界会说话的孩子，
突然在梦中收到来自神秘星球的指示，
他们共同决定，在过完三岁生日的第二天凌晨起，
就要开始不停地问：
"为什么？""为什么？""为什么？"

奇怪的是，一开始并没有任何人觉得不对劲，
也没人反问他们"为什么？"

最初，大人们总是惊讶且语带微笑地
回答孩子们的"为什么？"
从清晨到深夜，从春天到冬天……

直到数对父母在回答了孩子上千万个"为什么"
的问题后，出现严重的人格异常分裂状态，
大家才开始真正关心这个"为什么"

所带来的恐怖后果。

于是大家也开始不停地问"为什么？"

注：这"为什么"的游戏，
　　千年来仍在如火如荼地进行中。
　　目前科学界、医学界、宗教界
　　还未有任何关于为什么会有
　　"为什么"的重大研究突破。

天意

忧伤时，
天空飘来一朵乌云，
开始下起小雨。

快乐时，
风吹来一朵白云，
撒下美丽的小花。

为什么心情的高低起伏，往往只是因为一朵顽皮的云，一阵不知名的风呢？

我是风，
我是云，
我是闪电，
我愤怒时，凄风苦雨。
我喜悦时，万里无云。

我就是我。
我要决定我的快乐、
我的忧伤、我的一切。
但你为何露出
疑惑的眼神呢？

给我一个吻

大象为何用鼻子亲吻？

青蛙干嘛非要公主吻它不可？

为何不能同时让天使与魔鬼吻我？

两人相爱时，渴求无限甜蜜的吻。

但为何在争吵时，却要用接吻的嘴互相伤害？

每当我忧郁困惑、
疲惫不堪时，
我只能给自己一个吻。

为什么不能和外星人握握手？
为什么没机会去听猫王现场演唱？
为什么许多事都永远办不到？
所谓完美的人生根本达不到吗？

圈叉人生

为何画圈?

为何不画叉?

应该画圈的。

不应该画叉的。

如果画叉就好了。

如果不画圈就好了。

画叉对吗?

画圈才对嘛!

圈圈叉叉涂涂改改
左思右想
三心二意
真的有
帮助
吗?

你赢我输。
我赢你输。
你赢我输。
我赢你输。
你赢我输。
其实大家都是轮流
赢了又输。
输了又赢。
赢了又输。

另一个我

在世界另一个角落，
会不会有另一个我？

说不同的话，
唱不同的歌。

为同样的事兴奋，
为同样的事伤心。

他是否会因花开而感动？
为花谢而落泪？

他偶尔会想念另一个"我"吗？
他能感应到我的心跳吗？

他会跟我有相
同的烦恼？
跟我一样爱跳
踢踏舞吗？

天啊！要是能看到
另一个我，我一定会
高兴得飞起来！

为什么寂寞的时候，
我总是会特别地想念
另一个我。

我将长长的头发剪去，
新的头发又长了出来，
那并不是我原来的头发，
我最初的头发到哪儿去了？
连我自己的东西都无法留下，
那什么才是真正属于我的呢？

为什么故事总是如此安排?

当小约翰抬头仰望生命的
丰满甜美时，

老约翰却低头沉浸在
繁华落去的悲凉中。

幸好故事中总有这样的画面……

小约翰轻轻地靠着老约翰，
老约翰也轻轻地靠着小约翰。

孔融让梨

为什么大梨子总要让给小妹妹？
为什么永远只能穿大姐姐穿不下的旧衣服？
为什么我不能独享妈妈全部的爱？为什么爸爸不是我一个人的？
为什么欢乐容易与人分享，悲伤却只能独自品尝。

为什么
独享一切时，
并没有想像中
那么愉悦？

一样的眼睛有
不一样的看法。

一样的耳朵有
不一样的听法。

一样的嘴巴有
不一样的说法。

一样的心有
不一样的想法。

是不是因为这样，一样的人生
才有不一样的快乐和哀愁……

不管今天

我们高不高兴

婴儿长大

大人老去

花开了又谢

谢了又开

风继续吹

雨继续飘

云继续聚聚又散散

昨日随风消失

明日迎风而来

世界从来不理会任何人

太阳也是

月亮也是

星星也是

真好……

你不能

为什么我不能吃老鼠？我是猫耶！
为什么我不能追猫？我是狗耶！
为什么我不能打狗？我是人耶！
为什么我不能咬人？我是万兽之王耶！
为什么所有的事情，都由人来决定。

小婴儿
躺在狮子的怀里，
不会感到害怕吗？
守护天使
到底躲在哪里？
只有"人"可以找到她吗？

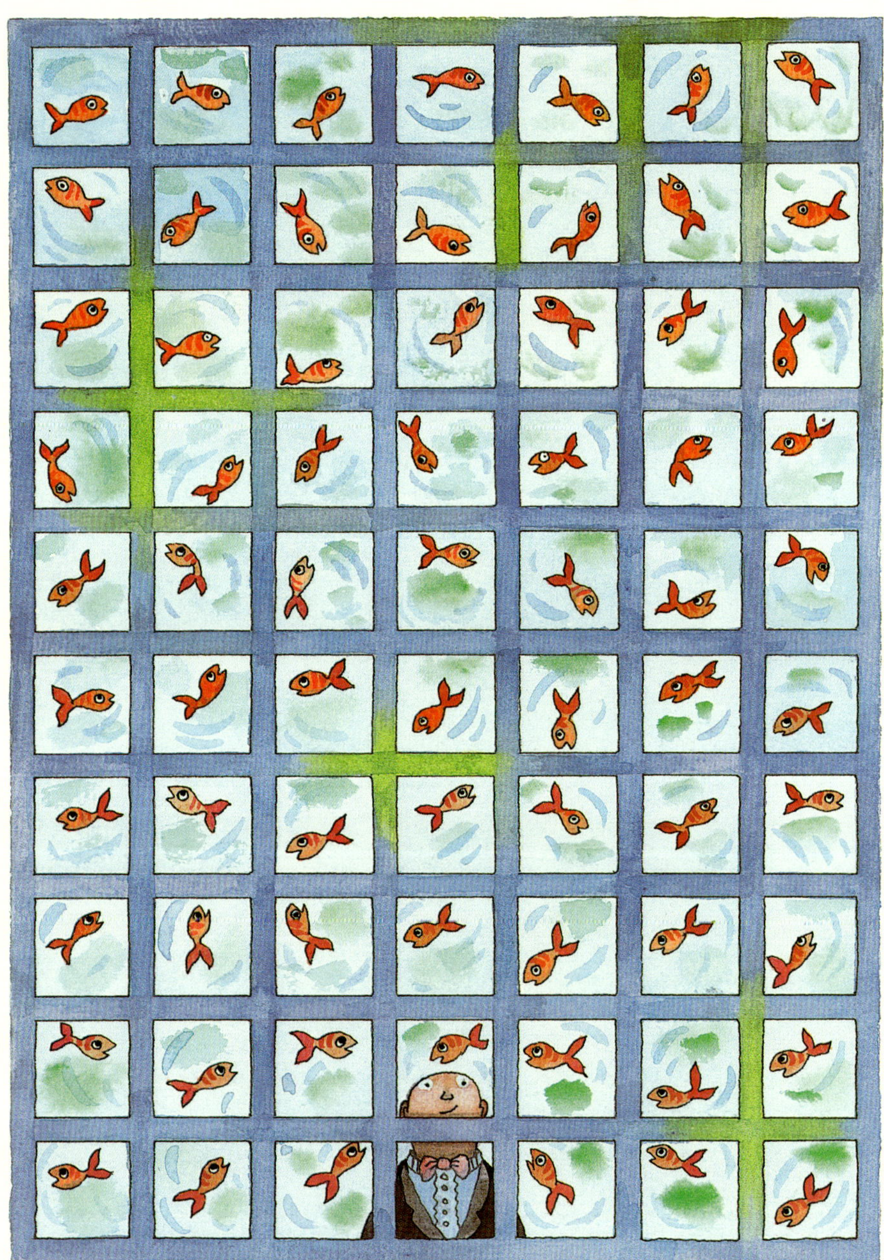

为何鱼只要用一种表情，就可以面对全世界？

为何我却不能只用一种表情，
来面对全世界呢？

先知梦

早知道会下雨，
就该穿上雨衣带把伞。

早知道会失败，
就不要那么辛苦努力。

早知道你不爱我，
我就不要痴心地爱上你。

早知道会受伤，
就不该冒险。

为什么人生事事不能早早知道？

如果凡事
都能早知道，
那早知道的
"早知道"
是什么？
是命运吗？

就算可以早点知道，
那又怎样呢？

不是早知道大家都要
上天堂的吗？
又何必太计较呢？

不小心

不小心忘了。

不小心迟到。

不小心跌倒了。

不小心做错了。

不小心一错再错。

不小心恋爱了。

不小心三心二意。

不小心脚踏两条船。

不小心伤害爱他的人。

不小心失恋了。

不小心折磨自己。

不小心这家伙

到底是怎么了？

为什么他总是

那么的不小心！

为什么
我们非要原谅
不小心的一切过错呢？

有种别吃猪的肉

像猪一样肥，
烦恼吗？
像猪一样笨，
可怜吗？
像猪一样懒，
有罪吗？
像猪一样脏，
丢脸吗？
我是一只猪耶，
想干嘛！
就干嘛！
为什么人们不
愿承认的事
就通通赖
给猪？
猪也会伤心的。
你们别再侮辱
猪了，有种
就别吃
猪的肉！

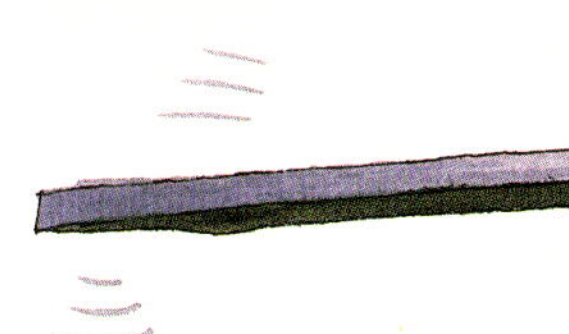

谁都不能阻止猪的大反击！

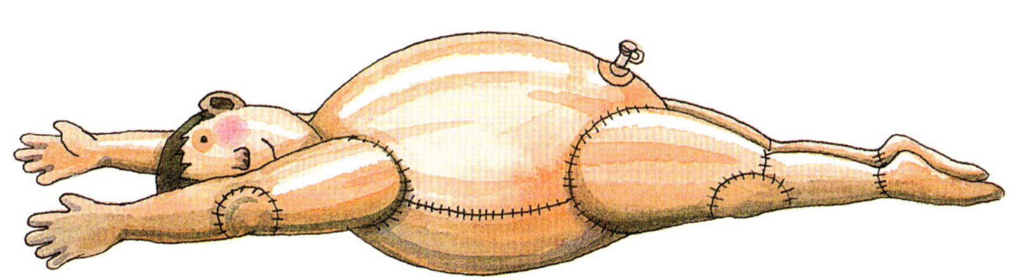

伤心到永远

当初为什么要结婚?
现在又为什么要离婚?
如果早知会如此,你们还会结婚吗?
如果早知会分手,你们还会生我吗?
如果我伤心到永远,你们会在乎吗?
如果我伤心到永远,你们愿意重新相爱吗?

为什么我的眼泪
只有躲在黑暗的电影院中
才能流下呢？

小方格

楼上住着小猫和大象。
楼下住着长颈鹿和短腿鳄鱼。
为什么我只能住在我家？
为什么小狗布鲁也住在我家？
为什么我不能想住楼上，就住楼上，
想住楼下，就住楼下？

每个温暖美丽的家
都有一道门，
还小心谨慎地
紧紧上了锁。
为什么？

Pourquoi

布瓜进行式

一九九九年冬天的早晨，
一个叫叮当的小女孩刚过完她的三岁生日，
八点零七分起，不知道为什么，
她突然开始理直气壮、不断地询问
"为什么？""为什么？""为什么？"……

为什么花会开为什么花会谢为什么是红色不是紫色的
为什么不能问为什么不知道为什么不可以为什么鸟会
叫为什么我不会飞为什么你不懂为什么有味道为什么
不够甜为什么不爱我为什么随便为什么不能看电视为
什么好热为什么好冷为什么你骂我为什么有影子为什
么没有小鸡鸡为什么有冬天为什么不能玩为什么有牙
齿为什么没尾巴为什么肚饿饿为什么有坏人为什么有
好人为什么坏人变好人为什么好人又会变坏人为什么
灯会亮为什么灯不亮为什么灯会又亮又不亮为什么为
什么为为什什么么么么………

终于，她患有轻度忧郁症的妈妈，
带着她无法理解的神情对着她放声哭泣，
并疯狂地拉扯自己的头发，
她才暂时停止发问，然而从那一刻起，
她心里的"为什么"才真正急速地扩大……

注：小女孩叮当，目前勤练手语代替以口说话。
　　她比划出来"为什么？"的手势与神情，
　　一样具有烦死人的杀伤力。

站在我身边

为什么要发动战争？
（因为上帝站在我这边）
为什么要哭泣？
（因为上帝站在他那边）
为什么要侵略？
（因为上帝站在我这边！）
为什么要报复？
（因为上帝站在他那边）
为什么上帝一下站在这边，一下站在那边？

不管上帝站在哪一边，
幸好我的心总是能随着小鸟
飞向美丽的香格里拉……

宿命

橘冬瓜看蓝西瓜不顺眼，
蓝西瓜觉得橘冬瓜没水准，
他们互相骂对方是怪胎，
我快被他们烦死了。

伟大的善忘

（为什么才下一场小雨，我的城市就开始淹水了？）

我们自然也会悔恨自责，
但只喝了一杯热咖啡，
我们就轻易遗忘了
过去的苦难。
这究竟是悲哀
还是幸福？

我跳！
我用力跳！
我努力跳！
我跳！
跳得再高，
也跳不到
美丽的天边！
我跳！为什么当我在你身边轻轻地跳，幸福的感觉就来了！

我跳，你跳，大家跳！
跳得精疲力竭，
跳得忘了为什么而跳，
而幸福早就偷偷地溜走了……

有人善良有人邪恶。
有人美丽有人丑陋。
有人幸运有人倒霉。
有人乐观有人悲观。
有人富裕有人穷困。
但为什么不论怎样的人生，
都只能活一次。
为什么你总要羡慕你没有的，而忽略自己拥有的呢？

为什么人生的一切不是由膝盖、耳朵，或是毛细孔负责呢？
我想它们的表现应该不会比脑袋差吧！

高低人生

影子躲在阳光背后。
忧伤躲在欢乐背后。
自卑躲在自傲背后。
月亮躲在乌云背后。

请问"背后"应该
要躲在谁的背后呢？

天空之门

为什么星星、月亮、太阳、地球刚好也是全年无休呢？

谁规定一分钟是六十秒，
十五分钟是一刻？
谁规定一天二十四小时，
白天黑夜轮替？
谁规定一年365天，
过了一年又是一年？
谁规定春夏秋冬的次序，
为什么不是冬秋夏春倒着走呢？
有谁看见时间的脚步拼命跑，
为什么我被追得这么累？

缺什么？

缺了一耳，还听得到音乐吗？
缺了一眼，还看得到彩虹吗？
缺了一个鼻孔，还闻得到香气？
缺了左手，要怎样替右手抓痒？
缺了双手，谁来喂我吃甜点？
缺了双脚，美丽的鞋子要给谁穿？
缺了身体，双手双脚要搁哪里？
缺了大头，一切烦恼烟消云散。

为什么你会说，
我的缺点，也就是我的优点？
我骄傲是因为我自卑？
我外表坚强是因为我内心脆弱？
我渴望成功是因为我害怕失败？

这些奇怪的话，
一句我都不想听。
啦啦啦
啦啦啦
啦啦啦啦啦……

飞上天的气球，
何时开始漏气？

心情不好
的时候吗？

飞上天的气球，
何时会破掉？

压力太大
的时候吗？

我抓着气球
随风飘舞，

担心它
慢慢漏气，

担心它突然
爆破，

担心它真的
带我飞上天。

兔子用跳的。
小鸟用飞的。
鲸鱼用游的。
乌龟用爬的。
花豹用跑的。
人类用走的。
天使呢？
他为什么
选择用飞的？
在他的心中，
小鸟是
最棒的吗？

害群之马

什么是

互相帮助?

什么是

团队精神?

什么是

利人利己?

为什么不能做

害群之马?

一匹害群的马，

背后必然有一个

令人心酸的

故事……

明明是"害群之人"！
为什么都说是"害群之马"呢？

瓜瓜乐

为什么它们都是瓜？
有的瓜可爱，有的瓜可笑，
有的瓜可怜。

为什么，
除了南瓜可以
变成华丽的马车外，
没有其他的"瓜"
留下传奇的故事？

哪一边

绿头鸭在我左边，
快乐躲在哪一边？

绿头鸭在我旁边，
好运躲在哪一边？

绿头鸭在我右边，
幸福躲在哪一边？

绿头鸭在我前前后后左右绕，
但快乐、好运，和幸福
为何却要人努力去寻找？

昨日午后，
幸福竟悄悄来到身边……

嗯……
EEE……
呜……
嘻……
噎……
咦……
哇……
嘿……
MMM……
ZZZZZZ……
噜……
噗……
呀……
当！
如果可以这样永
远地发呆狂想下
去……那才叫做
人生嘛！

嘘……
风来！变！
我每天踏着树梢，
快乐地跑到森林的尽头，
看夕阳慢慢地滑落大海中……

我的心里好拥挤

如果真的有上帝，那我为什么看不见？
如果真的有魔鬼，为什么总不出现呢？
如果真的有天使，究竟躲在哪里呢？
你说，他们全都藏在我的心里？
怎么可能！我的心里只有亲爱的妈妈和爸爸。

为什么从来没听说
天使会偷走小孩？
魔鬼是不是比天使
更喜欢小孩？

Pourquoi

布瓜 的悲剧

二○○二年台北，一名约四十来岁的中年男子，
突然学起他五岁半的女儿，
凡事必先问"为什么？""为什么？""为什么？"

有一天他在餐厅，因为又问了十个愚蠢的"为什么？"，
被一群经年累月遭受顾客质询超过上万个"为什么？"
的经理和小弟海扁了一顿，
他血流满面对着天花板冷气孔，忿恨地问道：
为什么别人就可一直问"为什么？"为什么我不可以！
他大声哀号：为什么世界对我这么不公平！
我到底做错了什么？为什么啊！

警方怀疑他嗑药，对他验尿又验血，均呈现阳性反应。
他坚持遭人陷害，误食毒品。
医生判定他对环境及人群极端适应不良，精神衰竭
并发更年期综合症。

目前他被软禁在城市某处，
仍喃喃自语不断地自问"为什么？"

注一：此事并未引起媒体任何关注。
注二：此事引起银河外星人权单位高度
　　　兴趣，并从事研究探讨人类行为
　　　语言差异之悲剧。

等待花飘

忽然
想在
花瓶里
插上一朵花
忽然
想
安静沉思
忽然
感慨
时光匆匆
为什么
老是会
忽然
兴起
某个念头
然而"忽然"
到底是
怎么回事？

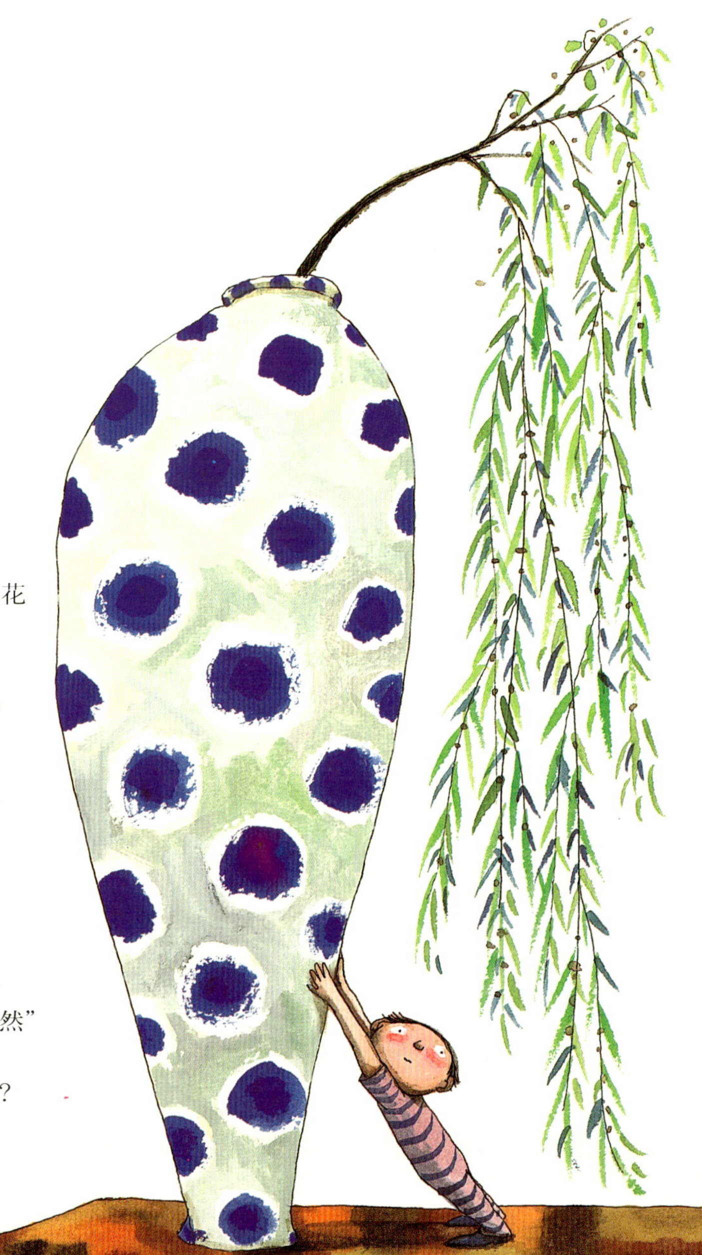

雪撒下来，好美丽！
花撒下来，好美丽！
钱撒下来，好美丽！
但会痛，痛且美丽啊！
痛且美丽

快乐如此稀薄而短暂，
悲伤却为什么总是绵绵不断？

为什么长颈鹿
只能听到天边的噪音
却无法聆听
地面的天籁？

青蛙跳到树上高歌，
呱呱呱！呱呱呱呱！
呱呱！呱呱呱！呱呱！
呱呱呱呱！

为什么
我还是只能习惯，
树上传来唧唧啾啾，啾啾唧唧
的鸟鸣声呢？

爱与不爱

我爱你
我不爱你
我爱你
我不爱你
我爱你
我不爱你
我爱你
我不爱你
我爱你
我不爱你
我爱你，我不爱你
我爱你，我不爱你
复杂的爱情世界里
为什么却只有
这两个
无聊的答案?

蛇会说我爱你吗？
蛇会说我不爱你吗？

蛇只会做个圈圈，
带我去旅行。
蛇只会紧紧地缠住我的身体，
让我脸色发白透不过气来。

蛇不说爱
也不说不爱。

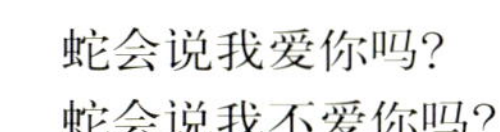

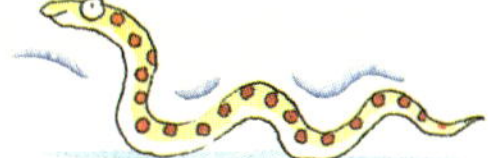

石头记

石头不说话
石头不唱歌
石头不生气
石头不兴奋
石头不做梦
石头不旅行
石头不期待未来
石头不挂念往事
石头不恋爱
石头什么事也不做
石头只固执地想当个真正的石头
石头真是无聊

石头说自己的话

石头唱自己的歌

石头生气时只有自己知道

石头兴奋时非常低调

石头做梦时不让你猜到

石头用特殊的方式旅行

石头当然期待未来

石头也缅怀往事

石头谈自己的恋爱

石头做了好多奇特的妙事

是的

石头固执地只想当个

真正的石头

石头觉得自己

好精彩

为什么倒影里的我不是真的?
水里的我是假的吗?

在另一个时空里，
我是不是也会变成倒影，
变成不是真的……

倒影里的我，
就是水面上的我，
我轻轻将水拨开，
倒影笑得化成一片……
其实，
我是害怕遇到
另一个时空的我。

向前走

勇敢向前走。
走一步。
再一步。
又一步。
一步一步走。
为何不暂时停下来，欣赏花的美丽，吸饱花的香气，再继续上路？
继续向前走。
一步接一步。
一步再一步。
一步又一步。
努力往前走。

为何妈妈说：
人生的过程比目的更重要？
而爸爸却说：
我不在乎过程，我只要知道结果？
我该听谁的呢？

小气世界

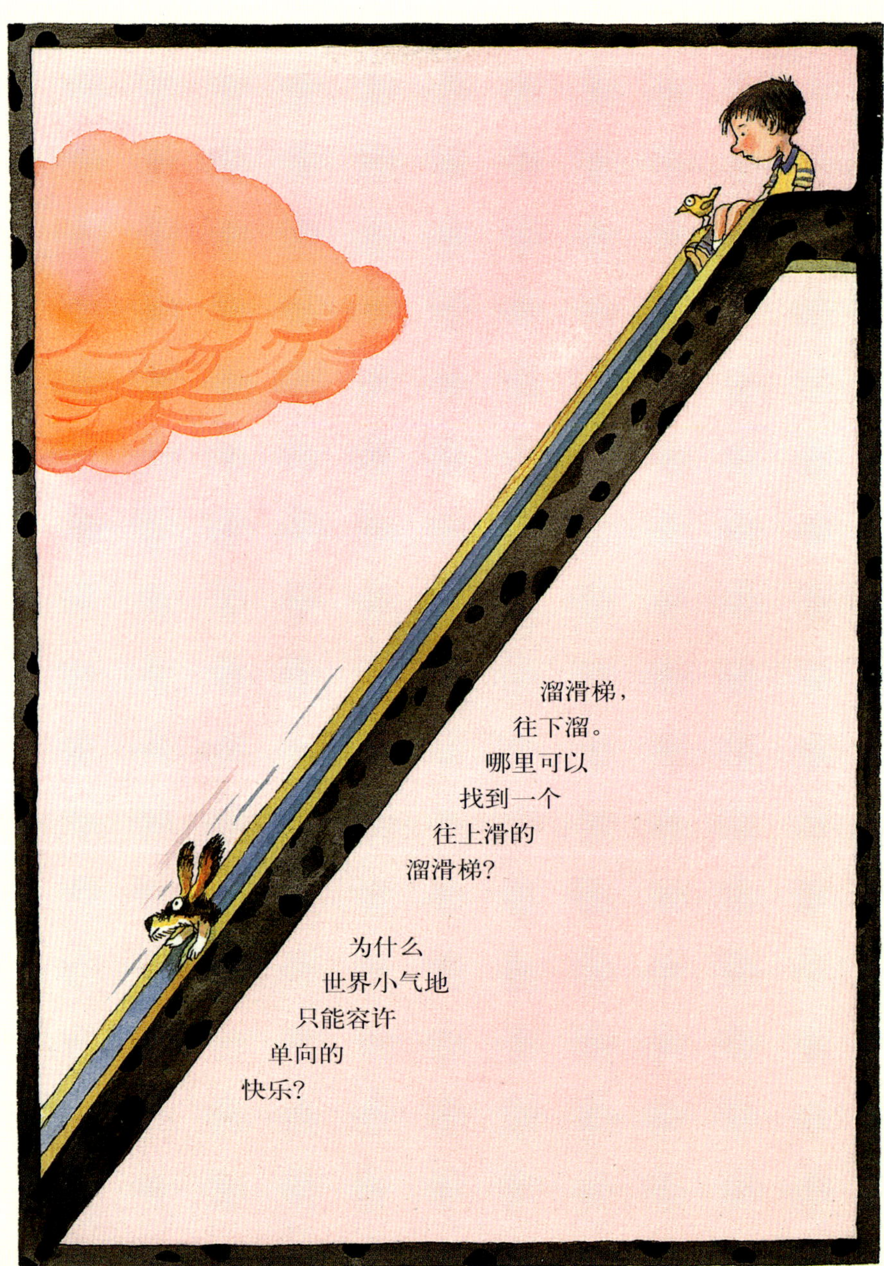

花落下来时，
我们开始一起歌唱。
花不再落下时，
我们还是要继续歌唱。

麻瓜黑洞

常常感到困惑，
像石头卡在凹洞里，
进退两难。

常常觉得不安，
像狂风中飞舞的气球，
无法掌握方向。

但最让人迷惘的是，
为什么生命里的
黑洞，

就算再强的光亮
也穿不透呢？

说一个谎。
就必须说另一个谎，
接着再说第三个谎，
最后就只好不停撒谎下去。

这究竟是为了什么？

吃醋

绿小鸟的早餐
吃什么？
蚱蜢、蜥蜴和
金龟子。

红小鸟的午餐
吃什么？
樱桃、木瓜和
水蜜桃。

蓝小鸟的晚餐吃什么？
鲜鱼、虾子和小螃蟹。

那为什么
我每餐都要喝牛奶？
今天我就是想吃蚱蜢、
毛毛虫和小螃蟹。
我就是想吃蝴蝶、
青蛙和小蜥蜴。

为什么
小鸟不需要念书？
我比他聪明一百倍，
却反而要辛苦地读书呢？

云上的天使

可不可以养一朵云
像养一只猫一样。
没有一朵云想跟我回家，
我也不敢问它们为什么？
可不可以打扮一朵云？
来搭配我的心情。
我站上楼顶，
却没看见
云上的天使。

可不可以养一滴泪，
像养一朵花。

可不可以养一阵风，
训练它听懂我的口哨声。

可不可以养一头母牛，
不是为了喝它的奶，
只是让它陪我读诗。

我努力抓紧世界，
最后却仍被世界淘汰，
如果一开始就松手，
我会不那么伤心吗？
你说，亲爱的孩子，
世事难料，随它去吧！

终究是什么都抓不住的，
终究是要闭上眼，随风去的。
为什么一定要坚持到最后呢？

双手万能

没有梯子，上不了屋顶摘月亮。
没有指挥棒，无法操控难缠的乐音。
没有冲浪板，难以驾驭凶猛的大海。
没有扫帚，如何成为飞天巫婆。
为什么？不是说双手万能吗？

我吹着口哨，
哼着歌，
紧紧握住长竿，
一步一步小心翼翼地
走过险境。

为什么你一直为我
担心呢？
别怕，
撑得住的。

救赎与沉沦

最后，

我下陷。

地板下陷。

沙发下陷。

房屋下陷。

整个世界开始

一点一点地下陷……

为什么只有灵魂

才能飘上天空呢？

我的身体

始终无法理解。

最后，
还有疑问的人请举手。

但是很抱歉，
没有人能真正回答
你们的问题。
所有的答案
都写在茫茫的风里……
呼呼呼呼
呼呼呼呼……

（为什么每次我举手
都没有人理我？）

为什么还有"后记"？

这本书里大约有五分之二的作品，（为什么不是全部？）
发表于二〇〇〇年至二〇〇二年的中国时报家庭生活周报的心灵版。
（为什么现在没有了？）
当时为什么会想做这个"为什么"的专栏，
我也忘了为什么，大概是平日生活里就充满了疑惑，
加上当时四岁大的女儿，每日随口不停地问：
"为什么？"、"为什么？"、"为什么？"……

这本书的完成，我要谢谢当时还在中国时报的主编，
谢秀丽、邓美玲和谢依君小姐，（为什么她们现在都离职了呢？）
也谢谢雨珊、韩和萍萍。

我的身体目前很好，一切暂时都在控制中，
谢谢想知道且关心的朋友。

新闻报导说今年是台湾五十三年来最热的一年，
昨日的气温更高达摄氏三十八点二度，
也就是我这辈子遇到过最热的夏季，（为什么会遇到呢？）
这样的气候，实在不适合严肃地生活，
只适合躲在阴凉处昏沉偷懒。（为什么整天就想睡觉呢？）

为什么天气就这样愈来愈热了呢？
为什么一年又忽然地过去了一大半呢？
为什么事情总在匆忙又慌张的节奏下进行呢？

且慢啊！且慢！让我们都再慢一点地过日子吧，
慢慢慢慢慢慢……（为什么生活要如此闲散？不可以唷！）

幾米　　夏日台北 二〇〇二年

（为什么每次都在台北创作呢？）

BYE-BYE

为什么，最后总是要说BYE-BYE
呢？
我们可不可以翻白眼三次，
代表说再见呢？
或者口吐白沫……

我想跟内地的读者说声"嗨"、问声"好"

为什么一样是中文，
却有繁体版和简体版？
为什么《布瓜的世界》
也有机会变成简体版？
真兴奋、真高兴！

有机会让内地的朋友看到《布瓜的世界》，
很好啊！
我也不想再问为什么了。
（虽然我真的很想知道！）

为什么没有一本
永远看不完的书
呢？

虽然我并不是真
的想看……

但是，
为什么没有呢？

真的没有吗？

还好没有……

从现在起，
如果你不再问我〝为什么？〞
我将会加倍地爱你。
为什么？

著作权合同登记：图字　01-2007-2352

本书由台湾大块文化出版股份有限公司授权人民文学出版社独家出版中国大陆地区简体字版，发行、销售地区仅限中国大陆地区，不包含香港、澳门地区、台湾地区。

图书在版编目（CIP）数据
布瓜的世界／幾米绘. －北京：人民文学出版社，2007.11
ISBN　978-7-02-006284-3

Ⅰ.布…　Ⅱ.几…　Ⅲ.漫画：连环画－作品－中国－现代　Ⅳ.J228.2

中国版本图书馆CIP数据核字（2007）第 150913号

责任编辑：王　晓
特约策划：吴文娟
　　　　　秦俟全

布瓜的世界
Bu Gua De Shi Jie
幾　米　著
人民文学出版社出版
http://www.rw-cn.com
北京市朝内大街 166 号　　邮编100705
宁波市大港印务有限公司印刷　　新华书店经销
字数10 千字　开本 635×889 毫米　1／16　印张8
2007 年 11 月北京第 1 版　　2009年12月第5次印刷
印数：55,001－58,000
ISBN　978-7-02-006284-3
定价：26.00 元

为什么这两页
我看得有点
头昏眼花？